Lb 2058.

SITUATION ACTUELLE

DES DÉPARTEMENS

DE L'OUEST.

EXAMEN CRITIQUE DU SYSTÈME SUIVI PAR LE MINISTÈRE,
ET PROPOSITION DE MESURES NOUVELLES DESTINÉES
A Y RÉTABLIR L'ORDRE.

Par Adrien Féline.

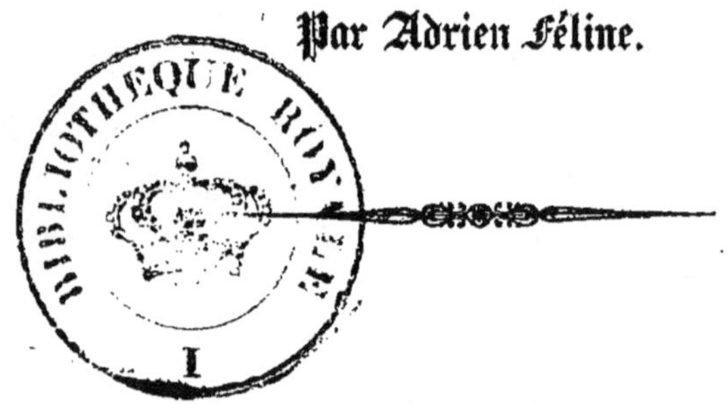

PARIS,

Chez PAULIN, LIBRAIRE,

PLACE DE LA BOURSE.

—

1833.

SITUATION ACTUELLE

DES DÉPARTEMENS

DE L'OUEST.

—◦◦◦—

ÉTAT DU PAYS.

Notre révolution devait assurer le bonheur de la France ; elle devait, du moins, d'après la devise de ceux qui prétendent régler nos destinées, garantir à ses habitans l'ordre, la paix, la sécurité. Comment les provinces de l'ouest jouissent-elles de ces biens ? si elles en sont privées, quelles mesures ont été prises par le ministère pour les pacifier ? Si ces mesures ont été insuffisantes, n'en était-il pas d'autres qui eussent été plus efficaces ?

Signaler le mal et sa cause, proposer le remède, tel est le but que je veux essayer d'atteindre.

Si je ne devais m'adresser qu'à ceux qui habitent ces contrées, il serait bien superflu de parler de leurs souf-frances ; mais le reste de la France, le gouvernement

lui même, semblent ignorer que dans six ou huit départemens les hommes les plus recommandables sont, depuis
trois ans, en butte aux plus cruelles persécutions:
forcés de quitter leurs propriétés et de séjourner dans
les villes, ils ne peuvent en sortir sans s'exposer aux
plus grands dangers. Le titre de fonctionnaire public,
celui de garde national ou d'ancien militaire; le plus
léger soupçon, le rapport le plus inoffensif avec les
patriotes ou la troupe, ont souvent attiré la mort sur
les individus même les plus obscurs. Les traitemens
les plus ignominieux, les tortures les plus atroces,
l'assassinat, l'incendie, menacent constamment les
hommes les plus paisibles : croyant au moindre bruit
entendre l'arrivée des chouans, ils vivent nuit et jour
dans une terreur continuelle. S'ils parviennent à fuir
ou à se cacher, ils ont encore à trembler pour leurs
propriétés et leurs familles; car ni l'âge ni le sexe ne
sont épargnés. Dira-t-on que les misérables qui commettent ces crimes sont des brigands, le rebut de la société, forcés de vivre dans les bois, punis par le mépris
et l'horreur qu'ils inspirent ; que le temps seul pourra
extirper ce fléau, suite inévitable de toute guerre civile?
Non, les bandes actuelles ne ressemblent pas à celles de
la fin du dernier siècle; elles sont, comme il y a trois
ans, des commencemens, des noyaux d'insurrections,
plutôt que des restes de troubles. Les presbytères, les
châteaux, les chaumières, leur sont ouverts sur la terre,
et le paradis dans le ciel. Partout ils trouvent encoura-
gement, asile, secours et honneur, bien nourris, bien
vêtus, bien payés, bien armés. La guerre qu'ils font n'est
ni plus pénible ni plus périlleuse qu'une autre ; on la rend
plus honorable à leurs yeux.

Leurs familles, à eux, leurs biens, leurs amis, leurs
protecteurs sont en sûreté: seuls ils courent des dangers; mais, jeunes, forts et armés, ils peuvent toujours
mourir en combattant. Voudra-t-on compter le nombre
de leurs victimes, on le trouvera encore plus grand qu'on
ne le pense; mais ce ne sont pas seulement ceux qui
succombent, qui doivent exciter la compassion. Cette
terreur continuelle à laquelle sont condamnées des po-

pulations entières est un supplice plus grand que la mort.

Si l'on a conservé une si grande horreur pour le règne de la Convention, si on l'a stigmatisé du nom de *terreur*, ce n'est pas parce que deux mille sept cent quarante-deux victimes, de toutes les classes, de toutes les opinions, et de toutes les parties de la France ont péri sur l'échafaud, à Paris, depuis le 10 août jusqu'au 28 thermidor; la moindre bataille compte un bien plus grand nombre de morts.

C'est parce que chaque famille vivait dans la crainte de voir quelqu'un des siens arrêté et mené au supplice. Le courage de ceux qui mouraient témoignait bien que la mort est préférable à cette longue agonie. Les patriotes de l'ouest préféreraient aussi vingt combats à l'état où les réduisent quelques centaines de carlistes : on a pu en juger par l'ardeur avec laquelle sont partis les gardes nationaux, lorsqu'ils ont espéré rencontrer leurs ennemis en rase campagne.

Mais le danger des habitans n'est même pas le seul mal qui soit à déplorer ; c'est à l'état de choses établi, et voulu par la grande majorité des Français, que l'on en veut. Le plus grand crime des victimes, c'est de suivre et de respecter les lois.

Le conscrit appelé, est, dès lors, menacé dans sa famille et ses propriétés ; en butte aux séductions des prêtres et des nobles, il est souvent forcé de se réunir aux bandes, dont il prend bientôt le fanatisme et les habitudes féroces.

Les maires de villages, s'ils n'ont une garnison pour les défendre, sont réduits à abdiquer leurs fonctions ou à favoriser les ennemis du gouvernement. Les prêtres payés par lui sont tous ses ennemis.

Cet état de choses appelle toute la sollicitude du ministère, car il y a anarchie flagrante : anarchie, parce que la loi est impuissante pour protéger les bons et punir les méchans ; parce qu'il y a danger imminent à s'y montrer partisan du gouvernement et ami de l'ordre.

Dira-t-on que ces maux ont existé et qu'ils ont cessé? Sans doute il y a eu des intermittences : les saisons,

l'appel des conscrits, la politique étrangère, l'arrivée
et la prise de la duchesse de Berri, la majorité d'Henri V,
ont fait redoubler ou diminuer les troubles. Aujourd'hui,
l'absence d'un assez grand nombre de chefs, passés en
Portugal, semble laisser un peu de repos; mais tous les
jours encore les journaux nous révèlent de nouveaux
crimes. Que l'on demande aux habitans si la situation
actuelle est tolérable; qu'on leur demande si nos ennemis ont perdu en rien le pouvoir ou le désir de nuire;
que l'on voie si l'on doit s'endormir sur un mieux mo-
mentané, qui dépend uniquement de la volonté ou des
calculs des chefs.

MOYENS EMPLOYÉS PAR LE MINISTÈRE.

Refus de mesures sévères.

Qu'a fait le ministère pour remédier à ces maux?
Dès les commencemens, les patriotes de l'ouest annon-
cèrent que l'on ne pourrait pacifier le pays qu'en em-
ployant des mesures de rigueur. On crut que la pas-
sion les inspirait; mais bientôt toutes les autorités
civiles, militaires, judiciaires, sans exception, se ran-
gèrent à cet avis. Cette sévérité ne pouvait entrer dans
le système du 13 mars, de la quasi-légitimité, qui,
voulant substituer simplement la branche cadette à la
branche aînée, sans réclamer contre aucune des obli-
gations imposées à la France pendant ces quinze années,
sans déplacer aucune existence, ne pouvait concevoir
que les étrangers et les carlistes pussent méconnaître et
vouloir renverser le gouvernement. On offrait pour prix
de la transaction, de continuer toutes les pensions que
la restauration avait prodiguées à ses partisans, et d'a-
bandonner à la vengeance de la sainte-alliance toutes les
nations qui réclameraient leur indépendance. N'en était-
ce pas assez?

Vainement les députés de la Vendée demandèrent
les lois devenues nécessaires. M. Périer promit bien un
instant le rétablissement des garnisaires chez les parens des réfractaires: il écrivit même au maréchal Soult
pour l'engager à introduire cette pénalité dans la loi

de la conscription, alors en discussion. Mais, lorsque
M. Luneau, député de la Vendée, monta à la tribune
pour réclamer l'exécution de la parole ministérielle, le
président du conseil et le ministre de la guerre gardèrent
le silence; et M. Barthe, soit qu'il voulût être conséquent avec la politique du ministère, soit qu'il obéît aux
souvenirs de l'avocat, qui, pendant quinze ans, avait
plaidé en faveur des coupables et des accusés, M. Barthe
s'éleva énergiquement contre cette proposition.

Nomination d'un commandant supérieur.

Cependant, lorsque l'on vit les troubles de l'ouest
prendre plus de gravité, on songea à centraliser l'autorité dans une seule main. Le général Bonnet fut nommé
commandant supérieur des trois divisions, et les ministres lui déléguèrent leur pouvoir sur les différens fonctionnaires. L'idée était bonne sans doute; comment est-
elle restée sans effet? Serait-ce que ce général, qui s'est
montré brave, actif et probe, aurait manqué de cette
fermeté qui sait saisir le pouvoir et se faire obéir? Il a
signalé le mal, il a indiqué le remède; peut-être eût-
il dû prendre davantage sur lui et faire mieux sentir
son autorité.

Mais ne serait-ce pas plutôt le ministère, qui, au lieu
de le seconder, lui aurait créé des entraves? Et lorsque
deux fois ce général, reconnaissant son impuissance
d'empêcher le mal, a, par un exemple de désintéresse-
ment trop rare, résigné le poste éminent et lucratif que
l'on s'obstinait à lui conserver, n'a-t-il pas par là porté
une grave accusation contre les ministres, et ne leur
a-t-il pas renvoyé tous les reproches que l'on pourrait
lui faire sur le peu de succès de sa mission?

Comment le ministre de la guerre, plus spécialement
chargé de cette pacification, l'a-t-il secondé par les
ordres émanés de son cabinet? Rien n'est si vide, si
creux que sa volumineuse correspondance; jamais il n'a
rien su prescrire, même se faire rendre compte, ni sur
la manière de répartir les postes ni sur le mode à
adopter pour la poursuite des bandes, bien moins en-

core sur la manière d'interpréter les lois. Il craignait sans doute trop de se compromettre pour répondre aux questions qui lui étaient faites à cet égard. Vainement l'on se plaignait d'être entravé par celle qui, défendant d'entrer dans le domicile d'un individu sans remplir certaines formalités, transformait chaque métairie en une forteresse inexpugnable : les ministres ne surent, pendant long-temps, ni tirer une excuse de l'état flagrant du pays, malgré les cruautés des bandes, ni demander aux chambres une autre législation. Aux attaques de M. Berrier, ils répondaient en assurant de leur amour pour la légalité, pour la législation présente trop douce pour des provinces fanatiques et barbares (1) ; ils s'écriaient qu'ils ne demanderaient pas de mesures d'exception, *ne voulant pas que le sang des innocens pût retomber sur leur tête.* Qu'ils acceptent donc celui des victimes ! car celui qui s'est chargé du pouvoir, qui a pour première et peut-être pour unique mission de protéger les citoyens, répond tout autant des malheureux que son inertie livre au poignard des assassins que de ceux qu'une loi trop sévère sacrifie à la sûreté de l'état pour une faute que notre philantropie trouve toujours légère.

Un fait pourra faire juger de l'esprit d'irrésolution qui a toujours présidé à la direction des affaires de l'ouest. Le général commissaire extraordinaire signalait les inconvéniens et les dangers qui résulteraient du droit de port d'arme à l'ouverture de la chasse : il demandait d'être autorisé à le défendre. Le ministre lui répondit d'une manière tellement ambiguë qu'il écrivit qu'il voyait bien que le ministère ne voulait pas prendre cette responsabilité, et qu'il ne la prendrait pas non plus au risque de ce qui pourrait en arriver.

Une autre question bien plus grave fut soulevée. La nécessité avait forcé les soldats et les gardes nationaux à tirer sur les chouans qui fuyaient devant eux. Les

---

(1) Cette expression ne serait peut-être pas juste à l'égard des habitans de l'ancienne Vendée, dont les mœurs sont généralement douces, mais bien pour ceux du Morbihan et surtout de l'arrondissement de Vitré.

journaux carlistes s'élevèrent contre la barbarie qu'il y avait à tuer un homme parce qu'il portait un fusil lorsqu'il n'en avait pas fait usage ; mais l'on n'en tenait compte. Enfin, un substitut se trouva en Bretagne, qui fit mettre en prison un garde national pour avoir tiré sur un chouan, et le procureur du roi, de Rennes, approuva cette conduite, et menaça de sévir contre les infractions à la loi que se permettaient les agens de la force publique. Comme ces actes étaient conformes aux déclamations du garde-des-sceaux à la tribune, le ministère, placé entre ses paroles et l'indignation générale que souleva l'emprisonnement du garde national Chalusseau parmi les patriotes et les troupes de l'ouest, se trouva dans un grand embarras. Il fut néanmoins obligé, après que le tribunal eut acquitté l'accusé, de remplacer le substitut accusateur ; mais il excita de nouvelles plaintes en lui donnant un siége inamovible.

Une autre difficulté existait à l'égard des réfractaires qui demandaient à faire leur soumission. Les autorités judiciaires s'étant plaintes que l'on donnât des saufs conduits à des hommes qui étaient sous le poids d'un acte d'accusation, et le commissaire extraordinaire n'ayant pu accorder les différentes autorités, la gendarmerie en référait au ministre, qui défendait de recevoir la soumission de ceux contre lesquels une instruction était commencée, sans savoir même promettre une commutation de peine pour prix de leur repentir.

En même temps les réfractaires qui étaient saisis, souvent même les armes à la main, s'il n'existait aucune instruction commencée contre eux, étaient envoyés à leurs régimens, sans même qu'on les désignât pour les corps qui étaient aux colonies ou en Afrique. Une telle justice distributive était d'autant plus ridicule et nuisible à la pacification, que le hasard décidait presque toujours de ces commencemens d'instruction. Enfin la guerre civile, contenue seulement par l'activité des troupes, continuait avec plus ou moins d'intensité, suivant la volonté des chefs.

Arrivée de la duchesse de Berri.

Une occasion se présenta bientôt ; la duchesse de Berri crut devoir venir en France tenter la fortune.

Jusque là le ministère avait nié la gravité des troubles ; il était resté froid et indifférent à la gêne, à l'oppression, à la terreur des patriotes : le danger ne pouvait l'atteindre ; mais, lorsque la duchesse entra dans l'arène, lorsqu'elle osa venir en France élever trône contre trône, la chose lui sembla sérieuse. Il avait raison : quelque léger et inconséquent que fût le caractère de cette princesse, elle ne pouvait être assez dépourvue de sens pour se flatter de renverser le gouvernement avec quelques paysans vendéens. Il devenait évident, et la correspondance trouvée chez M. de l'Aubépin l'a prouvé, que les partisans de Henri V avaient sollicité les puissances étrangères de déclarer la guerre à la France, promettant de faire une diversion au moyen de la guerre civile, et que les souverains, retournant la proposition, avaient répondu : Soulevez une province, montrez-nous la force de votre parti, et nous déclarerons la guerre. L'entrée de la duchesse de Berri en France, et le soulèvement qui en fut la suite, étaient donc une chose grave ; car si la mère de Henri V avait pu un instant établir son gouvernement sur un point de la France, si elle eût pu s'emparer d'une ville et réunir une armée, faire enfin une partie de ce que firent les Vendéens de Cathelineau, les puissances, qui n'ont pas cessé et qui ne cesseront jamais de vouloir la contre-révolution et le rétablissement de la légitimité, nous eussent déclaré la guerre. Il fallait nécessairement qu'il y eût des promesses faites à cet égard pour que la duchesse de Berri et M. de Bourmont soient venus tenter un soulèvement en Vendée.

Malgré ce danger, l'arrivée de la duchesse de Berri et l'insurrection qui en fut la suite, furent considérés comme une circonstance heureuse par ceux qui connaissaient la situation du pays. Il était peu probable que les carlistes pussent organiser des forces capables de se présenter devant nos soldats. Cette tentative, loin de montrer leur puissance, devait montrer leur faiblesse à tous les yeux ; comme toute tentative avortée, elle devait porter le découragement dans leurs rangs. Les chefs, les meneurs, qui avaient soudoyé les bandes, seraient enfin obligés de se mettre à leur tête, de se compromettre ouvertement ; et surtout le gouvernement allait se trouver forcé de sortir de son inertie, de prendre des mesures énergiques, car l'on s'attaquait à lui, et non plus à des opinions qu'il pouvait appeler révolutionnaires, et la gravité de la révolte justifierait sa sévérité.

Mise en état de siége.

En effet le ministère qui s'était refusé à changer la législation, se décida à déclarer en état de siége les départemens insurgés. Cette mesure avait l'inconvénient de ressusciter une législation vieillie, d'un effet vague et peu connu, ne s'appliquant pas directement aux besoins du moment, et susceptible d'être discutée dans son exécution, comme étant en désaccord avec la législation actuelle. Néanmoins elle était la meilleure que l'on pût adopter dans ces circonstances, en l'absence des chambres. Mais l'état de siége ne pouvait désarmer les Vendéens par le seul effroi de son nom ; il n'a d'effet qu'en ce qu'il comporte une législation différente, qui ne peut être la même dans les villes et dans les campagnes, qui doit varier suivant les pays et les circonstances. Puisque l'autorité militaire remplaçait ou du moins dominait les autorités administratives et judiciaires, chaque chef de poste et de détachement devait connaître les nouveaux pouvoirs qui lui étaient attribués, et la manière dont il devait les exercer. C'était au ministre de la guerre à transmettre à ses subordonnés les instructions les plus détaillées. Cette mesure devait donner aux commandans de détachemens le droit, jusque là contesté, de faire des visites domiciliaires, celui de se loger militairement, de faire des réquisitions de vivres et de voitures. Par là on eût fait sentir aux habitans l'utilité des maires pour les représenter, régulariser ces réquisitions, et devenir pour eux un pouvoir protecteur, sans avoir néanmoins la faculté de refuser, comme ils l'avaient fait souvent, jusqu'à une grange pour y réunir la troupe. Mais loin de donner des instructions, le ministre ne répondait même pas le plus souvent aux questions qui lui étaient adressées; il n'ordonna que la formation des conseils de guerre, et du reste, il laissa chacun tirer de cette législation les conséquences qu'il voudrait; et l'on peut dire qu'il ne comprit pas plus la mesure adoptée qu'il n'avait compris l'état et les besoins du pays. La plupart des généraux commandans en tirèrent parti pour opérer le désarmement. Il eut assez de succès, et s'il n'est d'aucun effet contre les bandes, pour lesquelles il restera toujours assez d'armes, il rendra du moins une levée en masse impossible, jusqu'à ce que les légitimistes aient de nouveau introduit des fusils dans le pays, ou que le ministère ait fait rendre ceux saisis, comme il l'a voulu dernièrement. Quelques généraux pensèrent aussi pouvoir trouver dans l'état de siége le droit de mettre des garnisaires chez les parens des réfractaires ; dans les premiers momens de découragement, les Vendéens se soumirent d'abord à cette mesure, qui produisit d'heureux effets; mais bientôt le parti la proclama illégale, non sans quelque raison, et la fit combattre devant les tribunaux par ses avocats. On fut obligé de reculer, et même de rendre ou de rembourser une partie des bestiaux saisis. Ce pas rétrograde rendit de la confiance à nos ennemis.

Une autre circonstance contribua à affaiblir et discréditer l'état de siége. Les événemens de juin étant survenus peu de jours après, le gouvernement crut devoir soumettre Paris à la même loi. Ce fut une faute grave, surtout en ce qu'il ne fut déclaré qu'après que tout combat avait cessé. Dans la Vendée actuelle, la guerre est peu de chose, la chouannerie est un bien plus grand mal; à Paris, au contraire, tout est fini après le combat, tout rentre dans l'ordre, et la justice n'a qu'à suivre son cours pour venger les lois outragées. L'état de siége était donc utile dans l'ouest pour extirper les restes de la chouannerie par le remplacement des autorités qui ne peuvent accompagner chaque détachement. A Paris, nulle nécessité de remplacer les autorités, qui fonctionnent bien mieux que ne pourraient le faire des militaires. L'état de siége de Paris ne pouvait donc produire qu'un seul effet, de changer la juridiction, d'enlever les accusés aux jurés pour les traduire devant les conseils de guerre. Ainsi restreint, il a produit une vive irritation dans les esprits. Quoique le ministère, en se soumettant à l'arrêt de la cour de cassation, ait enlevé à cette mesure le caractère de coup d'état et d'illégalité que l'on a voulu y voir; quoique les hommes qui avaient cru devoir l'approuver pendant le combat, lorsqu'il pouvait être de quelque influence sur les esprits, aient cru devoir encore en partager la responsabilité devant la chambre, et aient ainsi obtenu un bill d'indemnité pour le ministère, l'état de siége de Paris n'en est pas moins demeuré une faute grave par son inutilité et le caractère vindicatif qu'elle comportait. Cette faute est venue, à mes yeux, d'un système de bascule et de juste milieu mal-entendu; l'on a craint d'être en reste vis-à-vis des républicains, et l'on a prononcé l'état de siége à Paris parce qu'il avait été déclaré contre les carlistes : le discours du trône a pleinement justifié cette opinion. Les hommes historiques sont trop sujets à vouloir assimiler des choses différentes : en Vendée il fallait des lois d'exception; à Paris il fallait du canon : à chaque mal son remède.

L'état de siége de Paris a été très nuisible à celui de la Vendée, en dépopularisant cette mesure et en la livrant à un examen purement légal et théorique, dans des contrées où l'on n'en sentait pas l'utilité. Lorsque, plus tard, le ministère voulut porter à la Chambre des pairs une nouvelle loi sur cette matière, l'opinion publique, prévenue, s'éleva contre lui; sa majorité elle-même la mutila de manière à la rendre inutile, et il n'eut ni le talent de la défendre en citant les contrées où elle était nécessaire, ni le courage de soutenir son opinion. Les ministres dirent qu'elle leur suffirait, telle qu'on l'avait amendée, puis il la reconnurent tellement insignifiante qu'ils renoncèrent avec raison à la présenter à l'autre chambre.

Enfin le ministère ne sut tirer presque aucun parti de ce grand moyen, non plus que de la défaite de ses ennemis. Beaucoup de nobles s'étaient compromis et avaient été forcés de quitter le pays; mais il en était resté un grand nombre : des femmes, des vieillards, redoutables par leur exaltation et l'influence qu'ils exerçaient sur les paysans; il fallait les obliger à aller habiter une autre partie de la France. Le clergé surtout, qui est dans ce pays notre plus dangereux ennemi, restait tout entier, recevant journellement du trésor de l'état les moyens de lui nuire, et se recrutant exclusivement parmi les familles les plus hostiles. Il fallait fermer tous les séminaires, et obliger les évêques et les prêtres dont l'opposition était la plus dangereuse, à quitter leur résidence. Enfin il fallait profiter des condamnations prononcées contre les individus arrêtés, pour forcer les familles qui seront toujours contraires à nos institutions, à vendre leurs propriétés, et à quitter le pays sans espoir de retour ; on devait mettre à ce prix la grace des condamnés.

Loin de savoir profiter de ces circonstances pour frapper le parti d'un coup mortel, le ministre de la guerre, par une imprévoyance inouie, suscita dans ce moment entre deux des généraux commandans à Nantes une rivalité qui les empêcha pendant un mois de prendre les mesures nécessaires, et qui ne se termina que lorsqu'ils eurent tous deux résigné leurs fonctions. La faute de cette discussion si inopportune fut au maréchal Soult, qui montra dans cette occasion son ignorance des hommes, et ne sut même pas se faire obéir.

Lorsque enfin la duchesse de Berri eut été arrêtée, le système du ministère devait l'engager à la soustraire au jugement qui l'attendait, la majorité de la chambre ayant pris sur elle la responsabilité de ce déni de justice. Je n'insisterais pas sur ce fait, qui ne me semble pas d'une grande importance. Mais le ministère doit seul répondre de la mise en liberté de cette princesse.

Les hommes modérés étaient loin d'abord de blâmer cette mesure : la clémence est toujours bonne lorsqu'elle ne peut pas nuire à la chose publique, et l'on devait être convaincu que le ministère n'avait relâché la duchesse que sur des gages de sa conduite à venir. Mais quelles graves reproches ne mérite-t-il pas aujourd'hui, en proclamant dans l'ouest et dans le midi les nouvelles craintes que lui inspire celle qui naguère était en son pouvoir, celle dont lui-même s'est chargé de cacher ou de réparer la faute, de rétablir l'influence, celle qu'il a renvoyée bénévolement ! Il est à croire qu'il ne lui a même pas demandé sa parole; car malgré la légèreté de sa conduite, malgré la manière plus que résignée dont elle a porté sa croix, il est probable qu'elle n'y manquerait pas.

Effet du système adopté.

En résumé, qu'est-il résulté de la tendresse du ministère pour les carlistes, de son indulgence pour eux, de son désir, avoué par M. Guizot à la tribune, de les racheter, en leur conservant toutes les faveurs extorquées sous la restauration? C'est qu'eux ne veulent pas se rallier, c'est qu'ils prennent cette indulgence pour de la crainte et de la faiblesse, que leur haine pour le gouvernement est accompagnée de mépris, et qu'ils sont cent fois plus dangereux aujourd'hui qu'ils ne l'étaient après les premiers jours de juillet. (Je ne veux pourtant pas dire par là qu'ils soient encore bien redoutables.) Qu'est-il arrivé de ce système, de vivre au jour le jour, sans prévoyance de l'avenir, sans rien faire pour conjurer les dangers qui peuvent et doivent surgir des événemens? C'est qu'il existe, dans ces contrées, autant et plus d'élémens de troubles qu'en 1830. Le ministère n'a rien fait, rien tenté, pour extirper, dans sa racine, ce mal invétéré, qui depuis quarante ans a fait tant de tort à la France. En médecin inhabile, il ne s'est attaché qu'à faire rentrer, qu'à dissimuler, qu'à nier et cacher le mal, qui, à la première occasion, se montrera plus funeste.

Que l'on ne croie pas que je veuille présenter l'état de la Vendée comme plus grave qu'il n'est en effet. Jamais, je le sais, elle ne recommencera la lutte gigantesque de 93 ; les temps de Cathelineau sont passés, et ne reviendront plus ; jamais les Vendéens ne seront en état de prendre ni d'assiéger les villes ; mais le mal actuel est grand, et, si nous avions la guerre étrangère, nous verrions des bandes plus nombreuses parcourir le pays et y porter la désolation ; la perception des impôts, et la levée des conscrits deviendraient impossibles. Ces bandes, se réunissant quelquefois de manière à présenter plusieurs centaines d'hommes, les troupes ne pourraient plus être disséminées dans les hameaux pour y protéger les habitans. Sans doute, des colonnes mobiles pourraient parcourir le pays, et rendre le mal pour le mal; mais quelle triste ressource envers des Français ! Ce serait la guerre civile, avec ses vengeances réciproques, ses haines, ses surexcitations toujours croissantes, et s'alimentant des efforts que l'on fait pour la réprimer. C'est un dixième de la France qui, au lieu de se joindre au reste de la nation, pour résister à une ligue étrangère, ferait une diversion qui exigerait vingt ou trente mille hommes de nos meilleures troupes, causerait des maux infinis aux habitans, et inquiéterait les départemens voisins, toujours en crainte de voir les restes impurs des bandes rebelles, devenus brigands et chauffeurs, se répandre chez eux.

MESURES A ADOPTER.

Je crois avoir suffisamment montré la gravité du mal, avoir prouvé l'insuffisance des mesures adoptées par le ministère, et les inconvéniens de son système : je vais essayer d'indiquer les remèdes. Que faudrait-il pour pacifier le pays ? Une législation différente. Pour changer l'esprit des habitans ? Du temps, sans doute; mais un système ferme et complet, il faut le vouloir avec constance. Mon opinion sur les vices de la législation actuelle est, je le répète, celle de presque tous

les fonctionnaires publics, qui se plaignaient constamment des entraves apportées par la loi. C'est celle de
la plupart des journaux patriotes de l'ouest; elle a été
positivement énoncée par le conseil génréral de la Loire-
Inférieure, composé des hommes les plus recommandables; enfin, la masse des habitans et des gardes
nationaux l'ont souvent exprimée d'une manière éner-
gique, en menaçant d'aller brûler les presbytères et
les châteaux, connus pour servir de refuge aux chouans,
pensant qu'une guerre ouverte leur serait moins funeste qu'une protection insuffisante. Les ministres ont
repoussé ces plaintes unanimes; nos hommes d'état,
ceux du moins qui font profession de l'être, tout en
cherchant à se dissimuler le mal, n'ont certainement pu
s'empêcher de reconnaître ces entraves, ces liens qui
les enlaçaient de toutes parts; mais, n'ayant ni le talent
de les délier ni le courage de les trancher, ils ont
tâché de les ronger. Ils n'ont su, ainsi, satisfaire aux
exigences de la position, ni éviter les récriminations.

Réunion des députés de l'ouest.

Avant de discuter les changemens à apporter dans
la législation et dans le système de répression, il faut
savoir comment on pourra les obtenir.

Les habitans de l'ouest doivent se rappeler que nous
vivons sous un gouvernement représentatif, qu'en défi-
nitive tout ce que les députés du peuple voudront devra et pourra s'accomplir. C'est donc de ce côté qu'ils
doivent diriger leurs efforts. Qu'à la prochaine session,
les députés de tous les départemens désolés par la
chouannerie soient engagés à former une réunion qui
prenne en sérieuse considération l'état de leur pays, et
à agir de concert pour tout ce qui concerne cette
question. Ils montreraient par là leur sollicitude à leurs
commettans, et au reste de la France la gravité du mal.
Cette réunion n'étant pas l'expression d'une opinion
politique, on y expliquerait ce qui est étranger à ces
provinces, mais on y discuterait toutes les questions

qui se rattachent à leur pacification. On devrait examiner successivement toutes les mesures qui ont été ou seraient proposées. Des commissaires devraient en conférer avec les ministres, et soutenir devant la chambre celles reconnues nécessaires. Mais pour que cette réunion soit complète et efficace, il faut que les électeurs les plus influens des arrondissemens expriment à leurs députés leur désir à cet égard, et celui de connaître leurs opinions individuelles sur les mesures proposées.

Visites domiciliaires.

L'une des premières choses à examiner, serait de savoir si les militaires sont fondés à se plaindre qu'une métairie, une habitation quelconque soit un asile inviolable pour ceux qui allaient ou qui venaient de leur tirer des coups de fusil; eux ne pouvant y pénétrer qu'avec certaines formalités judiciaires et l'assistance des autorités, souvent trop éloignées ou de mauvaise volonté.

On a vu dans plusieurs circonstances des troupes très peu nombreuses forcées d'entourer une habitation en attendant le jour pour y pénétrer, et les chouans en profiter pour s'échapper par une issue, en tuant quelquefois le seul soldat qui la gardait, car ce n'est pas seulement la maison dont il faut respecter l'asile sacré, c'est l'ensemble des bâtimens, des cours, des jardins.

De la défense de tirer sur les chouans.

Un second obstacle est la défense faite aux troupes, et renouvelée il y a peu de temps, de tirer sur les chouans, si ce n'est pour leur défense personnelle : il n'est permis de les prendre qu'au collet.

Pourtant les embuscades ne peuvent être combattues que par des embuscades; et pour qu'elles soient efficaces, il faut que les soldats puissent, comme le font les chouans, tirer sur tout homme armé et même sur tous ceux qui fuiraient. C'est une chose affreuse, diront les légitimistes. Sans doute, c'est la guerre civile, et ce n'est pas nous qui la désirons. Il faut d'ailleurs bien comprendre que cela a toujours été et sera tant qu'il y aura des bandes armées. Le défendre, se serait tromper les paysans et les exposer davantage ; il vaut mieux qu'ils sachent qu'un chef de détachement est un représentant de l'ordre public, auquel ils doivent d'abord obéissance. Ce serait ensuite aux chefs à surveiller la manière dont leurs subalternes useraient de leur pouvoir discrétionnaire, et à les en rendre responsables.

Si, comme je le pense, ces pouvoirs paraissaient indispensables, il faudrait voir si une loi spéciale est nécessaire pour les conférer : je ne le crois pas. L'état de siége comporte les droits de visite, puisque les autorités militaires remplacent les autorités civiles ; il comporte également celui de faire feu, puisque l'état de siége suppose toujours l'état de guerre. Il me semble même que ces pouvoirs résultent de la situation du pays, sans que l'état de siége ait été prononcé. Cette situation constitue un état de flagrant délit, qui autorise dans certaines circonstances ce que l'on ne pourrait se permettre ailleurs, et ces circonstances motivent des mesures qui peuvent être inspirées par une résolution spontanée, résultant de l'appréciation des faits par les commandans de détachement. Il est évident que, quelque étrange que puisse paraître dans une autre partie de la France un certain nombre d'hommes portant un costume particulier et armés de fusils, ce ne serait pas un motif suffisant pour qu'un officier leur fasse tirer dessus. En Vendée, leur demander qui ils sont, attendre qu'ils aient fait feu ou leur courir après, sans faire usage des armes, serait aussi niais que la prétendue politesse des officiers français et anglais qui, à Fontenoi, s'engageaient réciproquement à tirer les premiers. Il serait alors bien mieux de faire marcher les soldats sans armes ; ils seraient plus lestes, et plus propres à la lutte.

Garnisaires chez les parens des réfractaires.

Mais il ne suffit pas de pouvoir poursuivre les bandes

d'une manière efficace, il faut les empêcher de se recruter; il faut surtout pouvoir les atteindre par les moyens que peut procurer notre état social; c'est-à-dire dans leurs familles, leurs biens et surtout dans ceux qui leur fournissent des secours. On devra examiner une à une toutes les mesures qui peuvent produire cet effet : d'abord les garnisaires chez les parens des réfractaires.

Il est injuste, dira-t-on, de punir des hommes, innocens du crime de leurs enfans. Mais on doit bien comprendre que cette mesure doit être essentiellement discrétionnaire; que les autorités doivent être entièrement libres de l'appliquer et de la suspendre suivant les circonstances. On doit songer que s'il est sévère de rendre les parens responsables de leurs enfans, le principe n'est du moins pas nouveau dans notre législation, où il se reproduit souvent, et qu'il est essentiellement moral. Enfin, ce qui doit surtout déterminer, c'est que cette mesure serait tout-à-fait dans l'esprit de la loi du recrutement, qui est rédigée dans l'intérêt des familles; ce sont elles qui y sont considérées, plus encore que les individus, puisqu'elle ne prend qu'un frère sur deux, qu'elle exempte les fils de veuves, de septuagénaires, et les frères aînés d'orphelins. Puisque c'est à la famille que l'on s'adresse lorsqu'il faut payer ce tribut à l'état, que c'est à sa position et à ses besoins que l'on a égard, c'est à elle aussi à répondre de ce tribut qui lui est imposé. Il faut donc, pour être conséquent, rétablir la responsabilité des parens ou retrancher de la loi toutes les exemptions établies, dans l'intérêt des familles, pour ne voir que les individus.

Suspension des droits civils.

Il est une autre mesure qui me semblerait aussi efficace pour atteindre les réfractaires dans leur fortune et leur avenir : ce serait, non pas de prononcer leur mort civile, mais de suspendre l'exercice de leurs droits civils. Ainsi, personne ne pourrait se marier, tester, hériter, plaider, témoigner, donner de procuration, ni faire, en un mot, aucun acte civil, sans prouver qu'il a satisfait à la conscription. Ce ne serait plus l'état qui serait obligé de rechercher les conscrits, ce seraient eux qui devraient justifier qu'ils ont payé leur dette à la patrie, faute de quoi ils n'auraient pas de patrie. Sans doute, cette mesure ne pourrait atteindre les vagabonds, les hommes sans aveu, qui ne possèdent rien; mais tous ceux qui ont ou espèrent avoir une chaumière, ou un quartier de terre, seraient ramenés par elle à leur devoir : et l'on ne pourrait lui reprocher, ni sa cruauté, puisqu'elle cesse dès que l'individu se rend, ni son injustice, puisqu'elle ne frappe que le seul coupable. Elle est, d'ailleurs, tout-à-fait conséquente et rationnelle. (1)

Responsabilité des fauteurs de troubles.

Les deux moyens que je viens de proposer n'atteignent que les réfractaires, mais ils ne sont pas seuls dans les bandes. Il est bien vrai qu'ils sont leurs grands moyen de recrutement; qu'ils les rendent plus intéressantes aux yeux des habitans, et font qu'elles leur inspirent plus de sympathie. Mais ils faut également enlever les moyens de nuire aux hommes qui se mettent à leur tête pour satisfaire l'exaltation de leurs opinions, et aux bandits qui s'y joignent pour mener une vie vagabonde, sous la protection de l'esprit de parti.

Il serait, d'abord, nécessaire de modifier l'article 100 du Code pénal, qui ne permet d'imposer que la surveillance de la haute police aux individus qui ont fait partie d'une bande, s'ils sont saisis hors des lieux de rassemblement. Il est évident que la loi n'avait entendu parler que des bandes qui se forment fortuitement et sans préméditation, et non pas de celles qui restent plusieurs jours réunies dans un but hostile, soit contre l'état, soit contre des particuliers.

---

(1) Une semblable législation serait également utile à l'égard des familles étrangères, et forcerait leurs enfans de prendre une position, au lieu de pouvoir, comme à présent, jouir des droits de Français, sans prouver que l'on a satisfait à ses devoirs de citoyen.

Mais de tous les moyens de détruire les bandes, le plus sûr est d'atteindre ceux qui recèlent des amas d'armes ou de munitions, ceux qui excitent au brigandage par leurs conseils et leurs avis, qui donnent asile aux bandes, qui leur fournissent des vivres, de l'argent. Des peines plus ou moins graves doivent atteindre ces coupables: on ne doit plus voir un ex-pair de France, chez qui l'on a trouvé des barils de cartouches et un arsenal bien complet, en être quitte pour une amende de trois mille francs. Il faut surtout qu'ils paient les frais de la guerre qu'ils excitent; que tout habitant soit indemnisé par l'état, afin qu'il n'éprouve pas de retard du tort que les bandes lui ont fait éprouver dans ses propriétés ou sa personne, que les familles des victimes reçoivent des pensions; puis l'état devra exercer son recours sur les communes ou les cantons, qui à leur tour se feront indemniser par les individus déclarés fauteurs de troubles.

Alors on verra cesser ces secours et ces souscriptions scandaleuses qui se font dans toute la France; les communes et cantons, mis à contribution, seront intéressés à faire connaître les protecteurs des bandes pour se faire indemniser par eux. Celles-ci, privées de ressources, réduites à vivre de vols et de brigandages, seront bientôt en horreur à tous les habitans, et forcées de s'expatrier ou de se rendre.

Des lois d'exception.

La législation que je viens de proposer n'est pas exceptionelle, elle s'applique à tous les temps et à tous les lieux. Dans toutes les parties de la France les jeunes gens doivent satisfaire à la conscription, et les lois pénales ne doivent pas rester insuffisantes à leur égard. Partout et toujours, celui qui excite ou aide au brigandage doit en être responsable dans sa personne et sa fortune; il doit indemniser ses victimes ou rembourser les communes qui ne sont coupables que de ne l'avoir pas empêché. Mais lorsque, dans une contrée, le crime et la révolte sont encouragés par une partie de la population; lorsqu'il suffit à tout échappé des bagnes d'y prendre le masque de la religion et d'une certaine opinion pour trouver secours, protection et gloire dans l'exercice de tous les crimes; lorsque la masse des paysans torture ou massacre tout individu qu'ils rencontrent, s'ils lui supposent une opinion favorable au gouvernement, alors il devient évident que la législation est insuffisante, que les garanties données à la liberté individuelle ne sont plus en rapport avec les mœurs de ces contrées, et que, pour des populations qui ont les mœurs d'un autre âge, il faut revenir à la législation des âges anciens. Et si cet état n'est que passager, qu'exceptionnel; si c'est une maladie dont nous puissions espérer guérir, s'il n'afflige que certaines parties de la France, au lieu de changer toute notre législation, de priver les populations civilisées, paisibles, ou seulement soumises, des garanties qu'elles ont acquises et dont elles n'ont pas démérité, il faut revenir aux lois d'exception, et, il faut le dire franchement, il faut nous affranchir du préjugé qui s'élève contre elles, et sans nier qu'elles ne soient un mal, ainsi que la plupart des remèdes que l'on emploie pour guérir le corps humain, il faut en faire usage là où la maladie du corps social le rend indispensable.

Ainsi, indépendamment des lois plus sévères que j'ai proposées, inépendamment des mesures que j'ai indiquées comme devant résulter naturellement de l'état de flagrant délit, il en est d'autres qui sont nécessaires, soit qu'on les réunisse dans la législation de l'état de siége, donnant au gouvernement le droit de l'appliquer où il le jugera convenable, soit que la législature les ordonne pour les départemens de l'ouest, réservant à elle seule le droit de les voter lorsque les circonstances l'exigeront.

Mise en surveillance.

La plus essentielle de ces exceptions au droit commun, est de pouvoir envoyer les individus en surveillance dans la résidence qui leur sera indiquée. La restauration, qui en 1815 ne se croyait pas suffisamment affermie par les baïonnettes de la sainte-alliance, et qui n'était pas satisfaite de la soumission la plus absolue, en a largement usé envers les patriotes de l'ouest, qui ont été retenus plusieurs années en surveillance dans les villes du midi. C'est avec raison que le ministère avait introduit ce droit dans le projet de loi sur l'état de siége, et l'on ne peut concevoir la singulière préoccupation qui avait fait réduire par la commission cette faculté aux vagabonds, et l'avait rendue ainsi complètement illusoire. Dans l'ouest, les vagabonds sont dans les bandes ; c'est au contraire à l'égard des riches que cette mesure serait utile. Ce ne sont pas ceux qui agissent à découvert qu'elle peut atteindre, ce sont ceux qui exercent une influence qui échappe à la loi ; ce sont surtout les prêtres, d'autant qu'à leur égard elle sera moins sévère qu'envers tout autre, puisqu'ils ne quitteront ni leurs biens ni leurs familles, et qu'on leur continuera les moyens d'existence. Si les évêques trouvent que l'absence d'un desservant est préjudiciable à la religion, ils se prêteront à son remplacement par des hommes d'un caractère paisible.

Du clergé.

De toutes les questions que devrait résoudre la réunion des députés de l'ouest, la plus importante est peut-être de décider de la conduite à tenir à l'égard des prêtres. Si des lois plus sévères peuvent suffire pour détruire les bandes, on ne s'assurera de la tranquillité à venir qu'en sapant l'influence du clergé. Elle est grande sur les paysans, et par ce motif on a cru devoir le ménager beaucoup. Il est malheureusement trop certain que l'on n'a rien gagné par ce système. Ils n'ont pas cessé d'être hostiles au gouvernement; le plus grand nombre avoue franchement sa haine, et travaille assez ouvertement à lui susciter des ennemis dans le confessionnal et dans la chaire. On peut dire que sans exception tout le clergé nous est contraire, et que la différence qui existe dans la conduite des individus provient uniquement de leurs différens caractères. Ne peut-on pas se demander, après l'épreuve faite depuis trois ans, s'il serait possible que les prêtres, quelque irrités qu'on les suppose par la répression, puissent faire plus de mal qu'ils n'en ont fait, encouragés par l'indulgence; si, tout en respectant les croyances et les consciences, l'on n'aurait pas obtenu un résultat plus efficace par plus de sévérité? Ainsi, après le soulèvement qui suivit l'arrivée de la duchesse de Berri, lorsque l'on était autorisé à user de rigueur, ne pouvait-on pas désigner une résidence éloignée aux ecclésiastiques connus comme trop dangereux, à ceux dont les communes s'étaient soulevées, ou qui avaient toujours compté beaucoup de réfractaires et de chouans, les rendant ainsi responsables de la conduite de leurs paroissiens, sur lesquels ils exercent une si grande influence? L'irritation qu'aurait pu produire cette mesure aurait été bientôt apaisée, et il serait resté l'exemple de cet acte de sévérité pour les autres membres du clergé, et le bénéfice de leur absence dans le pays. Ne pourrait-on pas encore maintenant leur retenir une certaine somme sur leur traitement en raison du nombre de réfractaires ou de chouans de leurs paroisses qui sont dans les bandes? C'est de l'arbitraire, dira-t-on; non, car le gouvernement ne les rétribue que dans l'intérêt de la morale et de l'ordre: il peut donc avec justice proportionner le traitement au résultat obtenu.

Un fait malheureusement trop certain, c'est qu'il n'existe pas dans tous les séminaires de l'ouest un jeune homme qui ne soit ennemi du gouvernement. Tous, pris dans les familles les plus hostiles, sont élevés aux dépens de l'état dans ces mêmes principes. N'eût-il pas été utile de profiter de l'occasion qui s'est présentée pour fermer tous les séminaires de ces contrées, grands et petits, et ne doit-on pas user de cette sévérité envers tous ceux qui en donneront sujet à l'avenir?

On ne doit pas oublier que le clergé s'est toujours attaché à faire passer les aumônes par ses mains, et à s'immiscer dans l'éducation de la jeunesse, comme les deux grands moyens d'influence. Aussi la restauration a-t-elle augmenté les salaires du clergé, de telle sorte

que, eu égard à la classe dont il sort habituellement, à
la manière dont il peut vivre, à l'éducation qu'il reçoit
gratuitement, à la certitude d'obtenir un emploi, cet
état est le plus rétribué, afin, disait-on, qu'il puisse
faire l'aumône.

Mais ce sont surtout les petits séminaires qui lui donnent de l'influence. Puisque le ministère ne croit pas le
moment venu de rendre la liberté à l'instruction publique, qu'il use du moins de son monopole pour les
fermer et enlever ce moyen d'hostilité à ses ennemis !
Mais jamais, quoi qu'ils fassent, le système du 13 mars
ne voudra les reconnaître pour tels.

Remises et commutations de peines.

Aux mesures de sévérité il faut en joindre de clémence. Si un jour le parti carliste était détruit, s'il
avait donné des gages certains d'une franche renon-
ciation à ses projets, non comme sous l'empire, en
acceptant et sollicitant des places, mais par quelque
cause que je ne puis prévoir, sans doute indépendante
de la volonté des hommes ; alors ce serait avec joie que
je verrais ouvrir les prisons et rendre tous les détenus
à la liberté. Jusque là, la clémence ne peut, ne doit
être qu'un calcul. Ce sont quelques familles qui s'op-
posent dans chaque canton à ce que l'esprit des habitans se modifie. On doit s'efforcer de leur faire vendre
leurs propriétés, de leur faire quitter le pays. Lorsqu'un
jeune homme est condamné à mort, on peut accorder
la commutation de sa peine à condition que sa famille
ira s'établir en Amérique, et promettre de changer sa
prison en un bannissement quand le pays sera pacifié.
On peut également permettre aux contumaces, dont les
biens sont séquestrés, de vendre ceux situés dans l'ouest.
Il y a moins d'inconvéniens à leur laisser la disposition
d'une somme considérable, que de laisser subsister
leur influence sur leurs paysans, même lorsque le sé-
questre leur a enlevé l'administration de leurs biens.

Mais ce qui est surtout nécessaire, c'est d'encoura-
ger la soumission, en garantissant à tout individu qui

se sera rendu volontairement que la moitié de la
peine à laquelle il a été ou sera condamné par les
tribunaux lui sera remise en vertu du droit de grace
qui appartient au roi. Alors la justice serait satisfaite,
et le repentir ne serait plus repoussé.

Nécessité d'adopter des mesures sévères.

On se récriera sans doute sur le nombre, la sévérité et l'arbitraire des mesures proposées. Je crois que
le nombre doit en être grand en effet, afin qu'on les
applique, ou plutôt qu'elles s'appliquent d'elles-mêmes,
suivant les individus ou les circonstances; ceux qui
possèdent quelques biens, ou qui en espèrent, qui tien-
nent à leur famille, ou qui agissent par fanatisme, seront alors retenus par ces mêmes affections. Quant à
la sévérité, elle paraîtra grande peut-être à cette secte
nouvelle qui n'a de larmes que pour les criminels, voudrait alléger toutes les chaînes et rendre le bonheur à
tous les condamnés. Mais en rendant hommage à leurs
bonnes intentions, je regarde cette sensiblerie à la mode,
cette philantropie erronnée, comme l'une des plus graves
maladies du siècle. Sans doute il sera assez difficile à
nos doctrinaires de combattre une opinion dont ils ont
été les plus zélés promoteurs; mais il faut convenir que,
dans un pays devenu essentiellement positif, on ne peut
s'en rapporter à la justice divine pour les crimes commis
sur cette terre, et que force est bien d'infliger des peines
matérielles aux coupables.

Réclamera-t-on plus d'indulgence parce que ce sont
des crimes politiques? J'oserais ici m'élever contre une
opinion trop généralement reçue : le vol et le brigandage, exercés dans un intérêt privé, sont déjà punis
par le mépris public; toute l'éducation tend à en dé-
tourner toutes les classes de la société, toutes les opinions s'accordent pour en inspirer l'horreur; les crimes
politiques, au contraire sont, encouragés, excités, exal-
tés par ceux à l'opinion de laquelle on tient exclusive-
ent. Ceux qui les commettent sont récompensés ou dé-
dommagés par l'estime et la gloire; leurs ennemis mêmes

ne peuvent les mépriser, et cessent bientôt de les haïr ; leur sort est toujours adouci. Il ne reste donc pour les réprimer que la crainte du châtiment. Les conspirateurs qui le sont par conviction et dévouement, sont eux-mêmes intéressés à ce que la loi soit sévère , afin que des hommes qui ne sont qu'avides ou turbulens ne se fassent pas agitateurs, et ne viennent pas se confondre avec eux, nuire à leurs projets, et les priver de la gloire à laquelle ils prétendent. La crainte de la mort , en éloignant les indignes, épurera leurs rangs. Telle était du moins mon opinion sous la restauration.

Une considération qui me semble encore puissante , c'est que les lois doivent être sévères afin que ceux qui sont chargés de les appliquer n'aient plus qu'à les adoucir , et que l'arbitraire laissé à leur disposition ne le soit que dans un esprit de clémence. Avec des lois trop douces , au contraire , on ne peut espérer de répression que par la sévérité de l'autorité ; les plaintes sont alors bien plus naturelles. La loi est connue de chacun, on est prévenu, c'est volontairement qu'on la brave ; la sévérité de l'autorité est au contraire arbitraire ; on n'a pas dû y compter.

Le choix des autorités doit avoir une grande influence sur la pacification ; elles doivent joindre à la fermeté l'impartialité la plus grande et même l'humanité, autant qu'il est possible de l'allier avec ce qu'exige le devoir de pacifier le pays. Il ne faut pas que l'esprit de colère ni de vengeance puisse inspirer la moindre de leurs actions , mais il ne faut pas non plus que l'on puisse attribuer à la faiblesse l'indulgence dont ils useront quelquefois.

En général les autorités, dans l'ouest, doivent avoir donné des gages de leurs opinions , non pour se prêter aux exigences , quelquefois déraisonnables, de certains patriotes , mais au contraire pour en être plus indépendantes , pour pouvoir établir des relations avec les personnes d'une opinion hostile , sans être accusées de les favoriser.

Ceux qui , malgré l'expérience de ces trois années, sont opposés à toutes mesures de rigueur , citeront ce pays pacifié par Hoche et Napoléon, et les montagnes d'Écosse qui l'ont été, dit-on, par la civilisation. Hoche et Napoléon ont eu beau jeu de se montrer doux et clémens, après dix ans de la plus effroyable guerre civile qui avait dépeuplé le pays de toute la partie virile. Et, malgré tout le bien qu'ils en ont reçu, les royalistes ont encore prouvé, en 1814 et 1815, qu'ils n'attendaient qu'une occasion favorable. L'empereur aura pu se repentir alors d'avoir rendu les biens et l'influence à ces implacables ennemis. Quant à l'Écosse, que l'on en consulte l'histoire, que l'on voie combien il a fallu d'années pour la soumettre, que l'on entre dans les détails, et l'on verra qu'à chaque révolte on a proscrit un grand nombre de chefs qui n'ont jamais pu rentrer. L'instruction et l'industrie n'ont pénétré dans ses montagnes qu'après que l'ordre et la paix ont été rétablis et que le fanattisme en a été banni. Sans doute des routes et surtout des colonies militaires, formant dans certaines parties de la Bretagne le noyau d'une opinion patriote, pourraient être de quelque utilité; mais l'essentiel, c'est de détruire à tout jamais l'influence des prêtres et d'un certain nombre de familles : une fois dehors, la masse des habitans restera tranquille et perdra son esprit d'hostilité. Il faut donc que la législation s'y prête, et que chaque tentative de soulèvement, chaque trouble, chaque méfait, soit une occasion d'affaiblir le parti ennemi.

Je ne doute pas que ces mesures ne rencontrent une grande opposition; indépendamment des carlistes, qui feront tous leurs efforts pour les éloigner, la nation a contracté sous la restauration l'habitude de travailler constamment à affaiblir l'autorité : cette tendance lui est venue non seulement de ce que le pouvoir rentré avec les étrangers en usait dans un intérêt contre-révolutionnaire, mais encore de ce qu'il y avait alors peu de troubles, et qu'ils étaient trop faibles pour affecter la société et nuire aux intérêts individuels. Toujours la force et la sévérité du pouvoir doivent être en raison des circonstances. Dans tous les pays qui ont été désolés par les crimes et le brigandage, on a désiré, on a béni les lois rigoureuses, sans s'arrêter au petit nombre de ceux qui pouvaient être victimes d'une erreur. Les Corses regardent M. de Marbœuf comme le meilleur gouverneur qu'ils aient eu, parce qu'il était le plus sévère. Mais, me disait l'un d'eux en faisant son éloge, si un ennemi vous eût glissé une balle dans la poche, vous étiez un homme mort. Si les Italiens regrettent la domination française, c'est à cause de sa sévérité. Alors, disent-ils, on ne faisait pas tant de façons pour condamner un homme, et il n'y avait pas de grace à espérer. Toutes les fois que l'on a redouté un danger pour la société, on en a appelé à un pouvoir presque arbitraire. Les Romains nommaient un dictateur, et lui conféraient un pouvoir absolu pour vaincre les factions intérieures, comme pour repousser l'étranger. Après les désordres de la terreur, on trouva le directoire trop faible, et l'immense majorité de la France accepta avec enthousiasme le despotisme de Napoléon : ce despotisme fut trouvé bon aussi longtemps que l'on garda le souvenir des désordres ; on ne commença à s'en plaindre que lorsque l'on fut pleinement rassuré sur leur retour. Après la révolution de juillet, un besoin analogue se fit sentir ; la majorité de la Chambre et de la France crut, non sans raison, voir le pays menacé dans son indépendance par les carlistes et l'étranger, et l'ordre social dans son existence par les républicains. Effrayée de ces dangers, qu'elle s'exagerait peut-être, cette majorité cessa de réclamer des garanties pour les libertés individuelles, elle les négligea pour les intérêts généraux. Elle s'efforça d'augmenter le pouvoir du gouvernement, espérant voir augmenter sa fermeté ; alors eût été approuvée la sévérité, on aurait consenti à la voir accompagnée de rigueur et d'arbitraire, s'il y avait eu accord et ensemble dans le système, si elle eût été exercée conformément à l'esprit du pays, et non pour continuer la restauration.

Pourquoi, vis à-vis de l'étranger, n'a-t-on point, par une sage fermeté, reconquis l'honneur national à défaut de gloire ? Pourquoi n'a-t-on pas également deployé cette fermeté vis-à- vis du parti carliste, au lieu de cette

faiblesse coupable qui a fait dissimuler, cacher, amoin-
drir pendant long-temps les troubles de l'ouest et du midi;
qui a fait solliciter et courtiser tout ce qui appartient à l'a-
ristocratie ou au clergé, replacer ceux qui se sont le plus
illustrés par leur trahison en faveur de la branche déchue,
combler de faveurs les familles des pairs ou députés de
l'opposition à tendance légitimiste, et punir les votes les
moins hostiles de l'opposition libérale? Sans doute il fallait
aussi de la sévérité et même de la rigueur à l'égard des républicains, mais à condition d'une fermeté et d'une rigueur pareilles envers les carlistes, au lieu de la tendre sollicitude, de la douce indulgence qu'on leur a témoignées.

Cette fermeté, qui devait être, envers et contre tous,
la devise du pouvoir, eût été facile, si, au lieu d'être
placée dans les mains de la société doctrinaire qui repré-
sente l'extrême droite de la Chambre, et pour qui tout
homme d'exécution est antipathique, on l'eût confiée à
des hommes d'énergie et de dévouement, pris dans cette
nombreuse majorité qui ne veut ni légitimité ni répu-
blique, et qui pourrait si facilement s'entendre sur le
bonheur de la France.

Conclusion.

Après avoir rappelé les malheurs de l'ouest, en avoir
attribué la continuité aux fautes et au système des ministres, et avoir cherché à indiquer les remèdes qui
peuvent les terminer, je crois devoir dire aussi ce qu'il
faut éviter. Ce sont surtout les démonstrations hostiles
au gouvernement. Rien n'a mieux servi le ministère
que les troubles et les essais d'une nouvelle révolution.
Rien ne serait plus fatal, à mes yeux, pour toute la
France et surtout pour les contrées de l'ouest, que le
triomphe du parti republicain, triomphe qui ne serait
qu'éphémère, et attirerait nécessairement sur la nation
les plus effroyables calamités. Ce sont, à mon avis, ses
tentatives qui, autant que les hommes du pouvoir, ont
causé les malheurs de la Pologne, de l'Italie et de la
Vendée. Le seul remède est dans la représentation natio-
nale; c'est là qu'il faut conquérir la majorité par la con-

viction. Sans partager l'opinion de la majorité, le devoir d'un bon citoyen est encore de s'y soumettre; sa volonté est dans les affaires publiques un argument plus fort que tous les raisonnemens : ne pas l'avoir pour soi , c'est la preuve que l'on a négligé l'un des besoins du pays , ou que l'on n'a pas su saisir convenablement les esprits. Sans changer d'opinion sur les principes , l'opposition doit donc reconnaître qu'elle s'est trompée en quelque chose.

Lorsque Demosthène s'efforçait en vain de démontrer aux Athéniens les dangers auxquels l'ambition du roi de Macédoine exposait leur indépendance , et la nécessité de soutenir leurs alliés, sans doute il avait raison au fond ; mais, malgré sa mâle éloquence, il aura manqué d'habileté , puisqu'il n'a pas su convaincre. L'homme d'état, comme le héros , doit comprendre les sentimens et les passions de la majorité, et partir du même point qu'elle , pour la mener au but qu'il veut atteindre.

FIN.

IMPRIMERIE DE BACQUENOIS , COSSE ET APPERT,
rue Christine, n° 2.